プリント形式のリアル過去問で本番の臨場感！

国立高等専門学校

2025年春 受験用

ご利用の手引き

JN046795

本書は，実物をなるべくそのままに，プリント形式で年度ごとに収録しています。
問題用紙を教科別に分けて使うことができるので，本番さながらの演習ができます。

■ 収録内容

・ご利用の手引き（この冊子です）

　　書籍ＩＤ番号，この問題集の使い方，最新年度実物データ，教科別入試データ解析，
　　ご使用にあたってのお願い・ご注意，お問い合わせ

・2024（令和６）年度 ～ 2020（令和２）年度　学力検査問題　解答と解説

○は収録あり　　　　　　　年度	'24	'23	'22	'21	'20
■ 問題収録	○	○	○	○	○
■ 解答用紙（マークシート形式）	○	○	○	○	○
■ 配点	○	○	○	○	

全教科に解説
があります

注）問題文等非掲載:2024年度社会の6

資料の非掲載につきまして

　著作権上の都合により，本書に収録している過去入試問題の資料の一部を掲載しておりません。ご不便をおかけし，誠に申し訳ございません。

Ⓚ教英出版

■ 書籍ID番号

入試に役立つダウンロード付録や学校情報などを随時更新して掲載しています。
教英出版ウェブサイトの「ご購入者様のページ」画面で，書籍ID番号を入力してご利用ください。

書籍ID番号　**190396**

（有効期限：2025年9月30日まで）

【入試に役立つダウンロード付録】
「ラストチェックテスト(標準／ハイレベル)」
「高校合格への道」

■ この問題集の使い方

年度ごとにプリント形式で収録しています。針を外して教科ごとに分けて使用します。①片側，②中央
のどちらかでとじてありますので，下図を参考に，問題用紙と解答用紙に分けて準備をしましょう（解答
用紙がない場合もあります）。

針を外すときは，けがをしないように十分注意してください。また，針を外すと紛失しやすくなります
ので気をつけましょう。

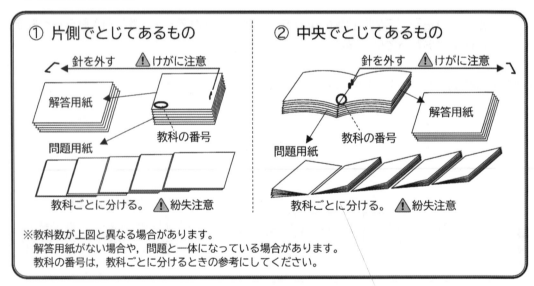

※教科数が上図と異なる場合があります。
　解答用紙がない場合や，問題と一体になっている場合があります。
　教科の番号は，教科ごとに分けるときの参考にしてください。

■ 最新年度 実物データ

実物をなるべくそのままに編集してい
ますが，収録の都合上，実際の試験問題
とは異なる場合があります。実物のサイ
ズ，様式は右表で確認してください。

問題用紙	Ａ４冊子(二つ折り)
解答用紙	Ａ４マークシート

	分野別データ		2024	2023	2022	2021	2020	形式データ	2024	2023	2022	2021	2020
大問の種類	長文	論説文・説明文・評論	○	○	○	○	○	漢字の読み書き					
		小説・物語	○	○	○	○	○	記号選択	31	31	32	32	31
		随筆・紀行文						抜き出し					
		古文・漢文	○	○	○	○	○	記述					
		詩・短歌・俳句						作文・短文					
		その他の文章						その他					
		条件・課題作文											
		聞き取り											
漢字・語句		漢字の読み書き	○	○	○	○	○						
		熟語・熟語の構成											
		部首・筆順・画数・書体											
		四字熟語・慣用句・ことわざ											
		類義語・対義語											
文法		品詞・用法・活用	○	○	○	○	○						
		文節相互の関係・文の組み立て											
		敬語・言葉づかい											
文章の読解	長文	語句の意味・補充	○	○	○	○	○						
		接続語の用法・補充	○	○	○	○	○						
		表現技法・表現の特徴	○	○			○						
		段落・文の相互関係	○			○							
		文章内容の理解	○	○	○	○	○						
		人物の心情の理解	○	○	○	○	○						
	古文・漢文	歴史的仮名遣い											
		文法・語句の意味・知識					○						
		動作主											
		文章内容の理解	○	○	○	○	○						
		詩・短歌・俳句											
		その他の文章											

2025 年度入試に向けて

漢字は、基本的なものが出題される。文法問題は、品詞や意味・用法について問われることが多い。基本的な問題を解けるようにしっかり対策をしておこう。古文は、鑑賞文や解説文とともに出題されている。古文の解釈の問題は、解説文がヒントになっていることが多いので、古文だけを読んで解答しないようにしよう。論説文と小説は、紛らわしい選択肢が多いので、消去法で誤りのある選択肢を確実に消していこう。小説は問題文の分量が多いので、ふだんから素早く文章を読む練習をしておこう。

分類		2024	2023	2022	2021	2020	問題構成	2024	2023	2022	2021	2020
式と計算	数と計算	○	○	○	○	○	小問	①(1)~(2) 計算問題		①(1)~(2) 計算問題	①(1)~(2) 計算問題	①(1)~(2) 計算問題
	文字式	○			○	○						
	平方根				○	○						
	因数分解											
	1次方程式						大問	④文字式の文章問題	③連立方程式の文章問題	④数と計算,方程式の文章問題	②規則的に並べられた数	③規則的に並べられた数
	連立方程式		○	○								
	2次方程式	○	○	○	○	○						
統計	データの活用	○	○	○	○	○	小問	①(6)箱ひげ図	①(6)中央値,範囲	①(4)四分位数	①(6)最頻値・相対度数	①(6)代表値
							大問					
	確率	○	○	○	○	○	小問	①(5)2個のさいころ	①(5)5個の色玉	①(4)4枚の硬貨	①(5)くじ	①(5)6枚のカード
							大問					
関数	比例・反比例	○	○		○		小問	①(3)反比例の変域 (4)変化の割合	①(3)変域 (4)変化の割合	①(5)変域 (6)放物線の比例定数	①(3)変化の割合 (4)双曲線,直線	①(3)変化の割合 (4)座標平面の台形の面積
	1次関数	○	○	○	○							
	2乗に比例する関数	○	○	○	○	○						
	いろいろな関数						大問	②座標平面 放物線,直線,線分の長さ	②座標平面 放物線,直線,四角形,三角形	②2乗に比例する関数と1次関数の文章問題 重なる図形	③2乗に比例する関数と1次関数の文章問題 道のり・時間・速さ	②1次関数の文章問題 道のり・時間・速さ
	グラフの作成											
	座標平面上の図形	○	○		○	○						
	動点,重なる図形			○								
図形	平面図形の性質	○	○	○	○	○	小問	①(7)三角形と角度 (8)円すいの側面のおうぎ形	①(7)円と接線,角度 (8)直角三角形	①(7)多角形と角度 (8)円すい	①(7)平行線と角度 (8)円柱,球の体積	①(7)相似と面積比 (8)正四角すい
	空間図形の性質	○	○	○	○	○						
	回転体											
	立体の切断		○									
	円周角	○	○	○	○		大問	③平面図形 円,三角形	④空間図形 立方体の切断,三角すい,五角すい	③平面図形 円,三角形	④平面図形 二等辺三角形,正方形	④平面図形 円,三角形
	相似と比	○	○	○	○	○						
	三平方の定理	○	○	○		○						
	作図											
	証明	○			○							

2025 年度入試に向けて

大問1以外に大問が3つあり，1つの大問では規則性や方程式の文章問題が，1つの大問では関数の文章問題か座標平面が，1つの大問では平面図形か空間図形が出題されている。大問2以降で，途中の小問をどれだけできるかが合否を分けるので，過去問を研究して対応力をつけておきたい。

分野別データ		2024	2023	2022	2021	2020
音声	発音・読み方					
音声	リスニング					
文法	適語補充・選択	○	○	○	○	○
文法	語形変化					
文法	その他					
英作文	語句の並べかえ	○	○	○	○	○
英作文	補充作文					
英作文	自由作文					
英作文	条件作文					
読解	語句や文の補充	○	○	○	○	○
読解	代名詞などの指示内容	○	○	○		
読解	英文の並べかえ					
読解	日本語での記述					
読解	英問英答					
読解	絵・表・図を選択	○				
読解	内容真偽	○	○	○	○	○
読解	内容の要約		○	○		
読解	その他	○	○	○	○	○

形式データ		2024	2023	2022	2021	2020
読解	会話	6	5	5	5	5
読解	長文	3	3	3	3	3
読解	絵・図・表	1	1	1		1
記号選択	発音					
記号選択	アクセント					
記号選択	単語の定義	2	2	2	2	
記号選択	語句の並べかえ	5	5	5	5	6
記号選択	数字・計算	5	4	5	5	5
記号選択	本文への英語補充	20	22	21	22	22
記号選択	その他	3	2	2	1	2

2025 年度入試に向けて

1 は近年，2つの英文がほぼ同じ意味を表すように適語を選ぶ問題に変わった。

5 で出題される計算問題は非常に特徴的である。この過去問の他に【高専入試予想問題】や【国立高専10年分入試問題集英語】なども使って対策しよう。

	分野別データ	2024	2023	2022	2021	2020	形式データ	2024	2023	2022	2021	2020
物理	光・音・力による現象		○	○	○	○	記号選択	43	34	41	48	48
	電流の性質とその利用	○	○	○		○	語句記述					
	運動とエネルギー	○	○	○			文章記述					
化学	物質のすがた	○	○	○	○		作図					
	化学変化と原子・分子	○	○	○	○	○	数値	8	4	6	10	5
	化学変化とイオン	○		○	○	○	化学式・化学反応式					
生物	植物の生活と種類	○	○	○	○							
	動物の生活と種類	○	○	○	○	○						
	生命の連続性と食物連鎖	○	○	○								
地学	大地の変化	○	○	○	○	○						
	気象のしくみとその変化	○	○	○	○	○						
	地球と宇宙	○	○	○		○						

2025 年度入試に向けて

選択問題で迷ってしまうときは，それぞれの選択肢の内容の違いをしっかりと読み取って，その点についてよく考えることで，正答を導くことができる。物理や化学の問題では，図，グラフ，表などから数値を読み取って計算する問題が出題される。計算力の他に，必要な数値だけを読み取る力も問われる。過去問などを使って，正しい答えを速く出す練習をしよう。生物や地学の問題については，語句を暗記しているだけで点数が取れるような問題はほとんど出題されない。さまざまな現象や生物のはたらきなどの全体像を理解できるように心がけて日ごろから学習しよう。また，マークシートでの解答形式にも慣れておく必要がある。

分野別データ

	分野別データ	2024	2023	2022	2021	2020
地理	世界のすがた	○	○	○	○	○
	世界の諸地域（アジア・ヨーロッパ・アフリカ）	○	○	○	○	○
	世界の諸地域（南北アメリカ・オセアニア）	○	○		○	○
	日本のすがた	○	○		○	○
	日本の諸地域（九州・中国・四国・近畿）	○	○	○	○	○
	日本の諸地域（中部・関東・東北・北海道）	○	○	○	○	○
	身近な地域の調査	○		○	○	
歴史	原始・古代の日本	○	○	○	○	○
	中世の日本	○	○	○	○	○
	近世の日本	○	○	○	○	○
	近代の日本	○	○	○	○	○
	現代の日本	○			○	○
	世界史	○				○
公民	わたしたちと現代社会	○	○	○	○	
	基本的人権	○		○		○
	日本国憲法	○			○	○
	民主政治	○	○	○		○
	経済	○	○			○
	国際社会・国際問題		○			

形式データ

		2024	2023	2022	2021	2020
記号選択	資料読み取り	7	5	5	5	7
	知識	2	4	4	1	2
	計算			2		
記号選択	資料読み取り	1	1	3	1	1
	知識	6	5	4	6	1
	並べ替え年代考証	2	4	3	5	8
記号選択	資料読み取り	2	2	1	1	1
	知識	5	4	5	6	6

2025 年度入試に向けて

地理は複数の資料を読み取る問題が多い。数値を的確に読み取る能力をつけたい。歴史は，同じ時代の世界の動きを理解することや，歴史の流れを問う問題が多い。用語の知識よりも，歴史的な流れを理解する学習が点数アップのカギとなる。時系列として歴史を学習するだけでなく，同じ年代の日本と世界の関係もしっかりと学習したい。公民は，政治・経済から基本的な問題がバランスよく出題される。

■ ご使用にあたってのお願い・ご注意

（1）問題文等の非掲載

　著作権上の都合により，問題文や図表などの一部を掲載できない場合があります。

　誠に申し訳ございませんが，ご了承くださいますようお願いいたします。

（2）過去問における時事性

　過去問題集は，学習指導要領の改訂や社会状況の変化，新たな発見などにより，現在とは異なる表記や解説になっている場合があります。過去問の特性上，出題当時のままで出版していますので，あらかじめご了承ください。

（3）配点

　学校等から配点が公表されている場合は，記載しています。公表されていない場合は，記載していません。

　独自の予想配点は，出題者の意図と異なる場合があり，お客様が学習するうえで誤った判断をしてしまう恐れがあるため記載していません。

（4）無断複製等の禁止

　購入された個人のお客様が，ご家庭でご自身またはご家族の学習のためにコピーをすることは可能ですが，それ以外の目的でコピー，スキャン，転載（ブログ，ＳＮＳなどでの公開を含みます）などをすることは法律により禁止されています。学校や学習塾などで，児童生徒のためにコピーをして使用することも法律により禁止されています。

　ご不明な点や，違法な疑いのある行為を確認された場合は，弊社までご連絡ください。

（5）けがに注意

　この問題集は針を外して使用します。針を外すときは，けがをしないように注意してください。また，表紙カバーや問題用紙の端で手指を傷つけないように十分注意してください。

（6）正誤

　制作には万全を期しておりますが，万が一誤りなどがございましたら，弊社までご連絡ください。

　なお，誤りが判明した場合は，弊社ウェブサイトの「ご購入者様のページ」に掲載しておりますので，そちらもご確認ください。

■ お問い合わせ

　解答例，解説，印刷，製本など，問題集発行におけるすべての責任は弊社にあります。

　ご不明な点がございましたら，弊社ウェブサイトの「お問い合わせ」フォームよりご連絡ください。迅速に対応いたしますが，営業日の都合で回答に数日を要する場合があります。

　ご入力いただいたメールアドレス宛に自動返信メールをお送りしています。自動返信メールが届かない場合は，「よくある質問」の「メールの問い合わせに対し返信がありません。」の項目をご確認ください。

　また弊社営業日（平日）は，午前９時から午後５時まで，電話でのお問い合わせも受け付けています。

2025 春

株式会社教英出版

〒422-8054　静岡県静岡市駿河区南安倍３丁目 12-28

TEL　054-288-2131　　FAX　054-288-2133

URL　https://kyoei-syuppan.net/

MAIL　siteform@kyoei-syuppan.net